Sung Nak-Hee

시인 성낙희

숨 쉬는 집

시인 성낙희成樂喜

숙명여자대학교 국문과 졸업
중앙대학교 대학원에서 문학박사 학위 받음
저서 『최치원의 시 정신 연구』
공저 『논어의 혼』
시집 『향수』, 『먼 길』 등이 있음
현재 숙명여자대학교 국어국문학과 교수

숨 쉬는 집

지은이 | 성낙희
펴낸이 | 김재돈
펴낸곳 | 도서출판 시와시학
1판1쇄 | 2011년 2월 20일
출판등록 | 2010년 8월 10일
등록번호 | 제2010-000036호
주소 | 서울 종로구 명륜동1가 42
전화 | 744-0110
FAX | 3672-2674

값 10,000원

ISBN 978-89-94889-05-4 03810

* 저자와의 협의에 의해 인지를 생략합니다.
* 잘못된 책은 바꾸어 드립니다.

성낙희 시집

숨 쉬는 집

시학
Poetics

■ 시인의 말

『먼 길』을 낸 지 십이 년이 되었다. 오랜만에 새 시집을 묶으며 내 시에 혼이 있는지, 그냥 말이 말을 이끌고 말에 이끌려가기만 한 것은 아닌지 새삼 생각한다. 그리고 이것은 단순히 시의 문제가 아니라 전적으로 인간 성낙희의 문제일 것임을 또한 생각한다. 인간의 내면에 영혼이 있다면 시의 내면에는 시혼이 있을 터, 시혼은 시인이 시 속으로 사라질 때 비로소 나타나기 때문이다. 말은 그것이 나온 곳과 같은 깊이로 전달되기 때문이다. 여전히 시와 함께 가겠지만, 굳이 시를 많이 발표하고 시집을 자주 내려 하기보다는 나의 삶이 시가 되고 나의 생활에서 시적 향기가 감도는 그런 사람일 것을 꿈꾼다.

2011년 1월
성 낙 희

차 례

- 시인의 말
- 작품해설 | 김재홍

제1부

길 따라서	15
오늘	16
밥상 앞에서	17
밥맛	18
숨 쉬는 집	19
자전거를 타고	20
잡초	22
거울	23
소나무를 심으며	24
인도 해바라기	25
동지冬至	26
부활	27
흙에서	28
초음파 사진	29
나무	30
깨진 접시	31
입춘立春	32

제2부

다리를 건너며　35
눈이 오시면　36
잠　37
꽃은 피면서　38
눈이 하는 말　40
입동 지나　41
말이 아니리　42
목숨은 삽시에　44
무인 카메라　45
목숨이　46
고백　48
인연　49
가로등　50
잎을 지우니　51
수맥을 찾아서　52
가을에　53
강을 건너며　54

제3부

여전히 천천히 59
산철쭉 분홍 꽃그늘 60
평화의 간격 61
가을 62
신호등 앞에서 64
여백의 무게 66
이 깊은 향기 67
만남 68
월요일 69
삼월 폭설 70
새 바람 따라 71
이 고요 속에 72
자연 73
저마다 저답게 74
새해 새 수첩 76
꽃나무의 질서 77
그리운 마을들 78

제4부

기다림 다시 기다림   83
꽃잎 내리는 소리   84
장을 담그며   86
그림자   88
한밤중 눈보라 속에   89
꽃자리 꽃그늘   90
하늘   91
촛불   92
겨울 산   94
진실   95
스스로 그렇게 있는 것   96
저녁때   97
청소   98
꽃보다 먼저   100
먼 길 멀리   102
새 마음 새 뜻   104
어느 크신 손이   106

제1부

길 따라서

가다 가다 문득
가던 길 멈춰 설 때가 있다
내 그리던 길 걸어
걸어 내 여기 왔는가
가지 말았어야 할 길
혹시 가지 않았던가
꼭 가야 할 길 잘 찾았는가
아아 얼마쯤일까
동으로인지 서로인지
내 아직 더 나아갈 길
남으로인지 북으로인지
안개 자욱 굽이 긴 길
그냥 그 길 따라서 가리
바람의 끝을 잡고서 가리
내 가고 싶은 길

오늘

오늘을 주시다니
이룬 것 모두
계산으로는 턱도 없는 것
나누고 또 나누고
쪼개고 또 쪼개고
얼음 위를 걷듯
그렇게 걸어서 왔다
물고기 두 마리와
보리빵 다섯 개의 기적은
멀리 있지 않았다
남지도 모자라지도
평생을 아슬아슬
남의 문전門前에 구걸하지 않을
꼭 그만큼씩은 주셨으니
기적이요 은총이다
주신 것 모두 넘치고
주신 것 모두 감사코

밥상 앞에서

우리 몇 번이나 더
이렇게 밥상머리
둘러앉을 수 있을까
살아 있다는 것은
함께 밥을 먹을 수 있다는
아주 단순한 사실
얇아진 은수저 한 벌에
휘휘 바람만 고이는
그런 날이 문득 오곤 하더라
함께 밥을 먹는다는 것은
마음을 나눈다는 것
맵고 짜고 쓰고 달고 떫은
눈물의 맛을 맛보는 그 일

밥맛

밥이 맛있다
찬이 없어도 항상 입이 다니
복 중의 복이다

고슬고슬 따끈한 밥 한 그릇의
심심하고
아무 맛없는 맛의
그 깊은 맛

이제 밥은 밥이 아니어서
그냥 찬밥이 되어 버렸다
밥맛없어, 밥맛없어
정말 밥맛 밥맛이야

무럭무럭 수북한 고봉 사발밥
밥맛 같던 시절 어디로 갔나
밥맛 같던 동네 다 어디로 갔나

숨 쉬는 집

집이 숨을 쉰다
볕바른 바람 벌
울도 담도 없이
창이란 창엔
대형 풍경화
철 따라 바꿔 걸리고
햇빛 쏟아지는 소리
나뭇잎 몸 부비는 소리
새들 우짖는 소리
낙숫물 소리
이 시린 지하수
모가지까지
차오르는 소리
집이 숨을 쉰다
내가 숨을 쉰다

자전거를 타고

휘파람 불며
논길 밭길 깨끗한 신작로
바람처럼 휘휘
꽃도 나무도 집도
오래 머무르지 않고
그냥 스쳐
지나가 보기만 해 보고 싶어서
사랑도 돈도 이름도
그냥 그렇게
한줄기 증류수인 것을
그 맹물 같은 맛을
어렴풋 알 수 있을까 싶어서
자전거를 타고
바퀴를 저어 앞으로
나가지 않으면 쓰러지기는
사람이나 매한가지여서
아아 우리 가는 길
멈추어 서지 마라

오래 머무르지 마라
두 발로 바퀴를 저어
바람 속에 휘휘
휘파람 불면서 가라
바퀴 저어 나아가라

잡초

잡초도 풀인데
풀밭에 나앉아
잡초를 뽑는다
잔디보다 한결
싱싱하고 푸른 초록
나요, 나요
사방에서 손을 흔든다
잡초라 하면 잡초고
잔디라 하면 잔디고
모두 풀인 이것들
지상의 꽃인 것들
잡초 아닌 사람 있나
황막한 잡초 밭 세상

거울

이 풍진 세상
아침저녁으로
화장을 지우고 분 바르고
잠시 몸을 돌려
술술 흘러내리는
회갈색 뒷머리 비춰 보는
작은 손거울
거울은 늘 보얗다
후후 입김 올려
닦아 내도 잠시 그때뿐
항상 자우룩하니
꼭 내 마음 같다
내 마음 내가 비춰 보는
내 마음속 거울
닦을 수나 있는 것인가

소나무를 심으며

소나무를 심는다
솔잎 다복해도
하늘 다 가리지 않고
극세필極細筆 침엽針葉 사이로
햇빛 쏼쏼 쏟아지는 것
겨울이면 매운 향기
깊은 것 더욱 좋아
아무도 먼저 버리지 마라
먼저는 버리지 마라
가난한 이순耳順의 뜰에
굽이 긴 조선 소나무

인도 해바라기

소와 말과 닭과 한 마당에서 같이 놀던
대여섯 살 어린 시절로 돌아간 듯
남의 나라에 와서 이상하게 편안해져서
황톳길 하릴없이 몸 맡기고 가는데
길이 끝나는 어느 즈음해서
끝없이 펼쳐지던 해바라기 밭 해바라기 숲
억만 꽃숭어리 태양처럼 타오르고 있었다
맨발의 아이들이 해가 되어 떠오르고 있었다

동지冬至

올해는 애동지가 중동지가 노동지가
붉은 해팥 푹푹 삶아 팥죽을 쑨다
쌀과 팥물이 알맞추 잘 아우러져야 하는데
너무 묽지도 되지도 않고 할할해야 하는데
오후에 있을 고별 강연을 생각하면서
할 말이 많을 것도 같고
할 말이 하나도 없을 것도 같고
팥죽처럼 용솟음치던 시절 이야기나 될지
말은 마음과 생각이 잘 아우러져야 하는데
생각이 마음인데 생각이 사람인데 말이 바로
그 사람인데 사람이 좋아야 말이 좋은데

부활

빈들에 차오르는 무명 초록
이것은 이름 없는 잡초가 아니다
폐활량 가득 불어 삽시에 번지는
푸른 불이다 희망이다 사랑이다
목숨 가운데 불이 아닌 것 없다
아무것도 아닌 것으로 돌아가는
자, 세상에 아무도 없다 저마다
제 빛깔의 꽃이었다가 향기였다가
한 점 무구한 불의 불씨들 된다

흙에서

흙이 그냥 흙이 아닌 걸
흙에 와서 알겠네
양지면 평창리
그 맑고 밝은 울림이
양명한 동리에 와서
늙으면서 늙지 아니하시는
몽매에도 그리는 신전神殿 가까이
묵언의 어머니 계신 걸
흙에서 비로소 알겠네

초음파 사진

이제 막 7주
미처 눈도 코도 없으나
심장박동
물방아 같은 아기
구름바다 구만리
빛으로 왔다
그 울림 낭랑한
쇠북종 소리 밀리는
홍건한 물결 속에
광망光芒의 그 끄트머리
흰 점으로 왔다
아, 심장 뛰는 소리
고압 전류로 왔다

나무

나무는 희망이다
눈 내리는 겨울 숲
전신이 정신인 나무들을 보며
사람을 생각한다
신대륙을 발견한 탐험가처럼
날마다 새 땅을 개간하고
꿈꾸는 새 나무를 심는
사람의 마음을 생각한다
나무는 뿌리에서 꼭대기까지
전신으로 기도한다
나무는 구원이다

깨진 접시

마지막 헹굼 물속에
파란 꽃 접시 한 장
둘레 따라 둥그렇게 물러 있구나
막상 떨어뜨리지 않았어도
살면서 오랜 날들
부딪치고 얼먹어서
속으로 얼마나 다쳤었는지
무수히 실금 간 상처
더는 감당할 수 없어서
이렇게 스스로 물러 있구나
그릇에도 명命이 있는 걸
열 손가락 사이 물 흐르듯
그렇게 한정限定 있는 걸

입춘立春

입춘 지나자 바람 부풀고 햇빛 부풀고
강물 부풀고 나뭇가지 봄눈 부풀고

산과 들에 연보라 푸른 안개, 구름 멀리
출렁이는 빛의 그물 다 따스하여라

입춘 지나자 그림자도 둥글게 부푸는 산
산울림도 푸르게 빛과 소리 모두 푸러라

제2부

다리를 건너며

와와, 산울림도 푸러라
이 산과 저 산을 잇는
출렁다리 건널 때는
눈을 들어 하늘을 보아라
하늘 너머 멀리
먼 산봉우리 보아라
시간의 바다 이쪽에서
저쪽으로 사람살이는
나날이 아찔한 현기증
발아래 시퍼런 계곡
굽어 내려다보지 마라
눈을 들어 눈썹 높이쯤
한 점 먼 빛 따라서 갈 때
비로소 고요의 중심에 서리

눈이 오시면

눈이 오시면
북소리 사방
둥둥둥 손에
손에 손잡아
업어 주시고
안아 주시고

눈이 오시면
눈빛 따스해
고백성사 본
그 저녁처럼
눈 밝아져라
귀 밝아져라

잠

잠이, 잠이 오신다
뉴스가 진행되는 사이
햇솜 같은 평화
매양 내게로 와서
봄 천지 아지랑이
흰 향기 흩날리면서
내일일지 모레일지
어느 아득한 날에는
도솔천 동해 용궁
바닥 모를 깊이로까지
이끌어 가겠지, 잠이여
내 손이신가 주인이신가
의리의 잠이 오신다
가장 귀한 것은
홀로서 이렇게 온다

꽃은 피면서

오늘 등燈불 켜듯
천지를 밝히며
꽃은 저렇게 하염없이
핀 자리마다 피면서
벌써 이울고 있다
그래 자연 가운데
사람만이 오래 질 줄 몰라
그래서 마침내 스스로
마른 종이꽃 이파리 되는 걸
눈보라 서리 빙판
맨발로 건너지 않고는
꽃은 피지 않는 것
그믐밤 새벽이슬
맨몸으로 받아야
열매 맺는 것 잘 몰라
눈을 들어 하늘 보면
꽃 진 자리마다 철철
차오르는 초록 불무더기

목숨의 중심 깊은 인력引力을

이 봄 새삼 다시 알겠다

눈이 하는 말

차라리 눈으로 말하리
말이 하는 말은 정직하지 않다
입은 달고 부드러우나
눈빛은 전혀 꾸밀 수 없다
궁극 깊은 연못에서 솟아올라
근원에 닿아 있는 맑은 무지개
눈빛은 거짓을 모른다
마음과 말, 마음과 목소리의
그 섬세하고 오묘한 관계
말과 음성은 바로 사람이지만
마음은 시시로 분칠하고
말로는 다 말 못하는 마음
진실은 언제나 눈에 있어서
차라리 눈으로 말하리

# 입동 지나

본관에서 서관으로 가는 길
나뭇잎 쏟아져 내린 자리마다
불 밝은 등燈들을 보았다
열매들 제 무게로 익어지는
아름다운 질서 사이로
무심 깊은 하늘을 보았다
한여름 캄캄한 숲이었을 때는
감나무도 모과나무도 하늘도
아무것도 보이지 않더니
입동立冬 지나 희디흰 바람 속에
벗은 가지와 줄기 오롯 깨끗이
주홍 불빛 맑고 따스하다

말이 아니리

사람과 사람 사이
산 자와 죽은 자 사이를
이어 흐르는
이것은 말이 아니리
비단결 아름다운 소리의
말로써가 아니리

어두움 한가운데로
새벽을 이끌고
강물은 달려서 오고
희디흰 갈피마다
모든 말씀
다 담겨 흐르니

시간을 넘어
이어 흐르는 마음 한 줄기
애증은 마침내
바람 속에 풀리어

물이 되리니

아아, 깊은 밤
홀로 일어 앉아
중심을 다스리는
이것 또한 말이 아니리
말로써가 아니리

목숨은 삽시에

참으로 삽시에 빛으로
바람으로 목숨은 섞이고
그 모습 그 음성
하늘 아래 아무 데도 없다
나뭇잎 하나 툭 떨어지듯
세상은 아무렇지 않게
모든 것 제자리, 제자리
다들 잘 돌아들 가고
저 무심한 빛 속에 무심히
다시 섞이는 순간까지
깊이를 모르겠는 우물 속 같은
눈 감아야 겨우 알아듣겠는
낮은 소리로만 있을 뿐이다
또 다른 우물 깊이
서늘한 푸른 메아리로만
와와 울어 흐를 뿐이다

무인 카메라

못 가 본 산천山川 아직 많아서
초행 시골 문상問喪 길에
사뭇 흔들리던 동서남북
그 네거리 과속이
흑백 벌금으로 날아왔다

아무렴 아무렴
밤말은 쥐가 듣고
낮말은 새가 듣고
벽壁에도 귀가 있고
창窓에도 눈이 있고

하늘과 땅 사이
보이지 아니하는 무수한 무인無人 카메라
사방 작동하고 있음을
왜 모른다 모른다 하리

목숨이

살을 빼야 해
너무 무거워
옷도 음식도
생각은 더욱 무거워

목숨이
뒤란 처마 끝에 매달렸던 비웃 두름
꼭 그 비웃 머리들만 같아서
한 번뿐인 목숨이
그렇게 목을 맬 수는 없을 것 같아서

두 발로 땅을 딛고
중심을 잡는다
결코 까치발을 하고
손잡이를 잡지 않는다

마른 줄기
마른 가지

가득 열매 휘늘어지는
만 가을 과수果樹들

빛 속에 바람 속에
순수한 저 맨몸들을 보아
근원에서 건져 올린
충실을 보아

뒤란 그늘에서 건조되던
꼭 그 비웃 머리들처럼
언제 드리울지 모를 하나뿐인 목숨을
그렇게 목을 맬 수는 없어서

고백

논문과 놀면

시가 삐치고

시와 노닐면

논문이 삐치고

외줄타기 어릿광대

불과 얼음 사이

삶과 죽음 사이

이성과 감성 사이

독점의 유혹

몰입의 기쁨

인연

늦은 퇴근길, 출근하며
본관 현금자동인출기 옆에
두고 온 우산을 생각한다
그래 잘 가라 우산이여
언제까지 함께 가길 바라랴
그간 긴 머리 어깨 언저리
가려 준 것만도 고마웠다
작별은 사람과 사람 사이
사람끼리만 하는 것이 아니야
인생에 이어진 건 다
연緣이 다할 때가 있다
어둑어둑 젖은 낙엽을 뒤쓰고
마냥 날 기다리는 나의 싼타페
반갑고 미안하고 가엾다
내 것이라는 소유의 연민이여
사람도 물건도 살아서 서로
연이 닿을 때가 있기는 있다

가로등

한겨울 한밤중
새벽을 이끌고
찬비 내린다
비가 눈이 되고
눈이 다시 비가 되고
가로등 언저리에
화환花環 같은 물보라
아 언제던가
눈비 맞아 머리 젖고
마음 젖던 날
젖은 마음 기대던
가로등 불 그림자

잎을 지우니

봄여름 가으내 푸르던 잎사귀
먼 날의 섭리에 불리워 가고
오늘은 동서남북 길이 보인다
초록 욕망의 파편들 지워 버리면
캄캄한 마음에도 길이 보일까
휘모리 소나기로 잎이 내리고
희디흰 줄거리들 사이로
하늘을 떠받치는 무언의 힘
소슬히 빛나는 것이 보인다
빈 데서 비롯하여 빈 데로 흘러가서
알 수 없는 깊이로 침잠하는 풍광風光
텅 빈 것의 그 그윽함이여

수맥을 찾아서

그래 그게 옳았다
앞마당 뒷마당에
채송화 봉숭아 서리국화
고추 심고 상추 심고
맨발로 펄럭여야 했다
꽃샘 황사黃砂 사나운 밤
꽃나무 꼭대기에서부터
꽃잎 뛰어내리던 걸
이제 이 허공에서 내려가
황토 머리 거친 풀밭
수맥水脈을 찾아야겠다
꽃은 물길 가까이 피었다

가을에

오지 않을 것 같던 가을이 왔다
가지 않을 것 같던 여름이 갔다
토론회 청문회 성명서로 들끓는 세상
소란한 웅변과 궤변을 지우고
눈도 맑게 푸른 바람이 분다
저 바람 속에 두 귀를 씻으면
고요의 말씀 들을 수 있을까
영원을 가는 목숨 세상에 없다
영원을 가는 맹서도 약속도 없다
보이지 아니하는 성긴 그물 드리우고
소리 없이 소멸하므로 불멸한다

강을 건너며

강을 건넌다

아침저녁
강남에서 강북으로
다시 남으로
강 건너 온다

물결은 바람이라
동쪽으로
서쪽으로
하늘 따라 가고
삶도 물결이라
물길 따라 흐르고

마지막 날에도
이러하겠지
꿈속인 듯 처음 보는 흰 강
맨발로 건너가겠지

바람 따라 이리 다시
건너오기도 하겠지

자고 새면
새로 돋는 억만 새 빛줄기
자아올리며
날마다 강을 건넌다

제3부

여전히 천천히

오늘은 눈을 감고도 외우는 서늘한 시 윤동주의 서시序詩 한 구절 '그리고 나한테 주어진 길을 걸어가야겠다'를 '―천천히 걸어가야겠다'고 읽고 말았다 무례한지고 그 소슬한 시구詩句를 이리 무심히 고쳐 읽다니 그냥 '걸어가야겠다'와 '천천히 걸어가야겠다'의 의미에 대하여 부사어 '천천히'의 말맛에 대하여 시와 수사 시와 삶 시와 사람에 대하여 새삼 거듭 생각하느니 우주로 통하는 예감豫感에 대하여 무의식에 대하여 윤동주는 빛보다 빨리 달려간 빛의 생애요 나는 여전히 천천히 오고 있으니 내 '―천천히 걸어가야겠다'고 한 것은 자연스럽다 윤동주도 나도 둘 다 진실하다

산철쭉 분홍 꽃그늘

아마도 사람 중
누구 하나
목숨을 버리는 일이
이와 같지 않을까
키 큰 산철쭉
꼭대기에서부터
꽃잎 툭툭
떨어져 내리느니
어쩌면 우리가
육신을 떠나는 일이
이와 같지 않을까
현란한 절정의 순간
시나브로 꽃 지고
꽃이 진 자리
잎사귀 더욱 푸르고
남은 꽃 여전 붉어서
산철쭉 분홍 꽃그늘
그늘도 곱다

평화의 간격

숲에 와 보니 길은 여기서도 사방으로 이어져 있고 빛이란 빛은 모두 여기서부터 피어나고 모두 이리 숨어든다 나무들 저마다 홀로 서 있는 듯 홀로가 아니고 둥그렇게 한 덩어리 초록 불무더기인 듯이 그러나 저마다 아득히 제 하늘을 받들고 키 큰 나무 아래 작은 나무 그 밑에 낮은 풀섶과 어린 들풀꽃 가까이 보니 어느 하나 서로 하나도 포개지지 않고 줄기와 줄기 가지와 가지 잎사귀와 잎사귀 그 사이 햇빛 한 줄기 바람 한 줄기 통과할 꼭 그만큼씩의 간격, 숲에 와 보니 나무들 홀로서 제가 저인 그 빛깔과 그 향기 머금고 나부끼는 눈부신 평화의 간격!

가을

'마흔다섯은 귀신이 눈앞에 와
서는 것이 보이는 나이'라고
진작 미당未堂은 노래했었는데
지금 쉰도 훨씬 넘어
수로부인의 진달래처럼 아슬아슬
벼랑 끝에 서 있는 내 앞엔
귀신도 천명도 아무것도 뵈질 않고
여전히 설레는 바람뿐이네 물결뿐이네
마음이 이러하니 산천초목山川草木마저 출렁이는지
이 가을 시력이 흔들리기 시작하네
세상사 원근遠近과 명암明暗
인간사 호불호好不好가 너무 분명해서
고달팠던 젊은 날의 소용돌이에서
얼마쯤 벗어나 보라는 것인지
문득 난시가 왔네 사임당이며
허난설헌이며 뉴스데스크며 모두 어지러워서
밖으로 밖으로만 내달리던 시선을 거두어
내가 내 안을 들여다보아야 하는 때

보이지 않는 길을 달려 문득 가을이 왔다

아아 바람이 분다

이 황홀하고 향기로운 빛

신호등 앞에서

오늘은 종일 서시오
빨간불 켜지고
언제는 가시오
초록불 이어지고

바람 부는 로터리
신호등에 갇혀 생각느니
인생도 그런 인생들 있다
다 그런 고비들 있다

빨간불 다음 직진
직진 후 좌회전
그리고 동시신호
부드러운 유턴도 있다

길은 사통팔달
사방으로 열려 있어
빛살처럼 흐른다

흐름 따라 흐른다

서두르지 말고
내닫지만 말고
잠시 멈춤도 진행이다
살아 있는 리듬이다

여백의 무게

아이들 먼 나라 학해學海로
군문軍門으로 가례嘉禮로
때 맞춰 제 갈 길 가고
망구순望九旬 시어머님
중추 달빛에 긴 잠드시고
한꺼번에 쏟아지는 여백
여백의 무게
아아 모든 것
원형으로 돌아간다
하나에서 둘이 되고
셋 넷이 되고
도로 둘이다가 혼자이다가
마침내 꽃잎 같은
훨훨 영혼의 흰 나비나 되겠지
오늘은 수리산 첩첩 깊은 적설積雪
봄은 이미
그 한가운데 다시 와 있다

이 깊은 향기

서西녘 갈대
흰 물결 속에 생각한다
아프다 아프다고
자주 썼던 이 말이
사치한 수사에 불과했던가
언제부터인가 바람이 불면
일파만파 미풍에도 서늘히
마음 따라 몸조차 아프다
마음은 차마 말 못하고
살이 먼저 아프다
눈을 들면 저만치
말없이 아름다운 낙일落日
이 우련 깊은 향기 속에서
아프지 않고서는
목숨이 목숨이 아닌 것을
사랑이 사랑이 아닌 것을
이 외람한 연민을
오늘은 기쁨조차 아프다

만남

우리들 한평생
얼마나 많은 얼굴들
만나고 갈까
얼마나 깊은 마음들
나누고 갈까
옷깃 한 번 안 스쳤지만
큰 그늘이 된
그런 기묘한 만남
하나씩 있으니
머나먼 길 이끄는
보이지 아니하는
그 누구인가
심령 안에 동거하는
이 누구신가 그가

월요일

월요일은 아침 8시 시작
0교시 수업이 있는 날
폐활량 가득 산바람 채우고
101 외곽순환도로 지나
과천터널 자줏빛 여명을
시속 70~80km 사이
과속은 말고 추월도 말고
나는 나의 보폭步幅으로 달린다
까치발로는 오래 서지 못하는 법
이마 높이 불 밝은 등燈
불 향기 따라가노라면
이윽고 내명內明한 어디 당도하리
퍼내면 퍼낼수록 깊어지는
내 안의 어둠을 위하여
일주일분의 태엽을 감고
일주일분의 잉크를 채우고
길 떠나는 월요일 신새벽

삼월 폭설

백 년 만의 삼월 큰 눈
두렵고 놀라워라
삽시에 끝없는 백야
그분 마음만 잡수면
이렇게 순식간에
땅 위의 모든 것
지워 버릴 수 있구나
백 년 만의 삼월 폭설
눈만 말고 사람의 일도
이렇게 할 수 있을까
세상길도 그 옛날엔
저 숫눈길 같았을까
현재는 항상 현재였을까

새 바람 따라

꽃과 잎 무성할 때는
그 현란한 빛과 그늘에 가려
캄캄 보이지 않던 하늘
꽃 지고 잎 무너져 내린 자리
알 수 없는 향기 가득하여
다시 길을 잃을지라도
충일充溢과 평화를 알게 하니
가을 깊어 깊은 바람이여
실핏줄 같은 새 바람 따라
새 길 떠나게 하니

이 고요 속에

생명 있는 것
그냥 스러지는 건 아무것도 없다
끝이란 마지막이란 없다
끝은 바로 시작
보아라, 여기 우리
항용 당도한 그 자리에서
꼭 다시 출발하지 않나
목숨들 매 순간 죽고
매 순간 새로 태어나는구나
하얗게 침묵하는 폭설 향기 깊은
결빙結氷 속을 달려오는 바람 따라
물 밀리는 연초록 천지
이 빛나는 고요 속에
사람은 어찌 이리 어두운가
인간사 어찌 어리 소란한가

자연

꽃은 피자마자
이내 이울고
불타던 초록 잎사귀들
홀연 말갛게
아주 멀리 가면서
그리고 그 위에 길을 지우고
흰 눈 내리면서
아무 일도 없었던 것처럼
사람들 속절없이 목숨을 버려도
바람 한 점 일지 않고
여전히 아침은 오면서
밤과 꿈도 오면서
비 오다가 개다가
다시 눈비 오면서

저마다 저답게

나무는 나무대로
꽃은 꽃대로

강물은 강물대로
바람은 바람대로

개구리는 개구리대로
메뚜기는 메뚜기대로

지상의 모든 것
저마다 저답게

저마다 저답게
제 길 가느니

아무도
대신 살아 줄 수 없다

선혈 푸른 제 안에서
해답을 찾을 수 있다

새해 새 수첩

새해 새 마음으로
새 수첩 새 주소록 펴면
모자가 바뀌었고
의자가 바뀌었고
또 신천지 찾아 멀리멀리
이승의 적籍을 버렸다
지척이 천 리라 짐짓
붉은 줄을 긋기도 하니
눈 감고 호명呼名하면
가장 오래된 이름부터
가장 이름 없는 이름부터
이끼 푸른 바위처럼
첫 페이지에 나오는구나
사람은 사람으로 누구도
어제로부터 자유롭지 못하다

꽃나무의 질서

자정 넘어 뚝뚝
꽃잎 지는 소리
언제 들어 보았나
정수리에서부터
꽃잎 날아 내렸다
뿌리 가까이
물길 가까이
꽃은 피고 있었다

그리운 마을들

지번地番에도 인연이 있는가
눈 감아 생각하면
내가 이리로 온 것이 아니라
우리들 살아 있는 머리 위
보이지 않는 손의
보이지 아니하는, 한없이
길고 가는 명주明紬 실바람 같은
바람인 듯 물결인 듯
거역할 수 없는 그 부드러운 힘에
이끌려 온 것일 것
저 푸르던 정릉 동부이촌동 효창동
강 건너 신반포 구반포 시애틀 다시 반포
아이들 사철 문 열어 놓고
맨발로 내달려도 무탈하던
그리운 마을들 지나
들풀 꽃 무심히
바람에 불리워 가듯
산山 아래 산동네

산본山本으로 왔다
산을 찾아서 왔다

제4부

기다림 다시 기다림

땅끝에서부터
어스름 수묵 향기 밀려오면
어머니 꽃자주 치마폭
펄럭펄럭 불 밝혀 들고
날 기다리던 시절 있었다
물 흐르는 유리문 가득
해바라기 꽃숭어리처럼
어린 삼 남매 발돋움하고
날 기다리던 한철 또 있었다
그러던 어느 무렵부턴가
큰 물속 같은 사람 하나가
비어서 더욱 크낙한 집과
빈집의 고요가 이어서
날 기다리기 시작하였다
아아 기다림 다시 기다림

꽃잎 내리는 소리

꽃이 꽃인 것은
이윽고 지기 때문이다
꽃이 아름다운 것은
빛나는 절정의 순간에
제 명命 거두어 스스로
바람에 풀기 때문이다
지지 않는 것은
살아 있는 것이 아니다
목숨 가운데서
이울지 않는 건 없다
꽃도 새도 푸나무도
말은 안 해도 그것을 안다
자연은 고요히 순명하고
사람은 그것을 거스르려 한다
겨울에서 봄으로 건너가는
어느 깊은 밤, 홀연
꽃잎 내리는 소리
가슴으로 받아 본 이는 안다

꽃이 꽃인 것은
피면서 지기 때문인 것을
아득한 그리움인 것을

장을 담그며

입춘立春 가까이
눈 오는 날

눈길 걸어 약수藥水 길어다
장醬을 담그며

단맛만
취하는 세상

단맛만으로는
살 수 없는 인생

석 달 열흘
짜디짠 소금국 속에

달게 익은
맑은 장맛 같은

그런
사람 그리워한다

그림자

문득 한 점 날파리 한 마리
내 눈길 따라 나풀나풀
멀리 가까이 위아래로 사방
이는 병病도 아니 약藥도 아니
망막을 스친 실낱같은 상처
얼비치는 그 그림자라 하네
육신의 그림자가 이러하매
정신의 그림자는 상기
어느 하늘가를 떠도느뇨
어느 강물 깊이 흐르느뇨
희디흰 밤의 끄트머리에
까만 꽃잎 눈보라 점점이
흩날리는 세기말의 엄동
아 약도 아니 침針도 아니
나의 그림자 시간의 그림자
시선을 저만치 고정하면
고요해지네 자연이네
그림자 다정히 손잡고 가네

한밤중 눈보라 속에

괜찮다, 괜찮다
한평생 4대 봉사奉祀하시는 것 말고는
무엇이나 다 괜찮다 괜찮다
너희만 좋으면 나는 괜찮다
이만하면 족하다, 족하다 하시더니
이제 그 먼 동네에서도 여전히 족하신지
창파에 해오라기처럼
정녕 홀로라도 괜찮으신지
한밤중 눈보라 속에
아버지 옥양목 제사 두루마기
희디흰 자락이 펄럭펄럭
허공에 날리는 소리
척척 내 이순耳順의 목에 감겨서
갈수록 이렇게 괜찮지를 못해서
아 아버지, 아버지 우리 아버지
한밤중 눈보라 속에 아버지를 부른다

꽃자리 꽃그늘

차라리 벽이 된
이중 통유리창 안에서
철 이르게 피었다
서둘러 이우는
손 시린 흰 철쭉
눈부신 만개滿開는 잠시
어느 자정 넘어
홀연 꽃잎 뚝뚝
이내 다 지고 나니
더욱 환한 꽃자리
더욱 맑은 꽃그늘

하늘

하늘 아래 하늘을 보네

하늘에 계신 하느님
어디에도 아니 계시는 하느님

빛 속에 바람 속에
언제나 함께 계시는 하느님

하늘 아래 사람 있으니
사람 위에 하늘이 있네

우러러 매양 고개 숙이는
그 마음 있으매 하늘이 있네

하늘 위 하늘을 보네

촛불

마른 갈대숲 지나서
해풍에 수내기마다 꽃눈 부푸는
푸른 동백冬栢 보고 온
성聖 목요일 저녁
작은 촛불 밝힌다

청동백 햇봉오리는
삼동 지나
춘설 속에
전신이 불이 되는 걸

사람이 저마다
영혼 깊이
불씨 한 톨 간직하듯이
꽃은 꽃나무의 불인 것을
마른 가지 마디마다
신의 불씨 숨어 있는 걸

사람의 한 생애

나는 무슨 빛깔 무슨 꽃인가

마음 모아

촛불 밝힌다

겨울 산

아 캄캄히 푸르던 날
푸르던 잎사귀들
섭리의 자궁으로 돌아들 가고
바람의 끝을 따라가면
비로소 그 문이 보이기 시작한다
잠 못 드는 마음이야
물소리 서늘히 흐르게 하면
사방이 환히 트이는 것을
비어서 가득 넘치는 것을
이것이 평화인 것을
이 겨울 겨울 산이 말한다

진실

조화는 생화 같고
생화는 조화 같고

지지 않는 것은
꽃이 아니다

죽지 않는 것은
생명이 아니다

오 아름다워라
피었다 지는 꽃

꽃 지자 푸른 잎사귀
참 아름다워라

스스로 그렇게 있는 것

 꿈속에서도 아직 가 보지 못한 대서양 물결 속에서 건져 올린 작은 조개껍데기와 흰 바닷돌 몇 점을 대양의 한 끝에 처음으로 손을 적셔 본 아이가 보내왔다 억만년 푸르고 거친 물결에 씻긴 시간의 파편이 하늘을 날아 지구의 서쪽에서 동쪽으로 오다니 흰색 청색 청록색 연갈색 청회색, 붓으로는 도저히 칠할 수 없는 이 모든 색깔들이 오묘한 빛으로 어우러져 바람과 물결이 지나간 정교하고 섬세한 무늬, 저마다 신비의 제 빛깔과 제 형상으로 고요히 소멸하며 저를 이룬 세월이 여기 한 점 차가운 패각에 응축되어 있다 신비여 신비여 생명의 신비여 작고 크고 견고하고 부드러운 우주여 자연이여 최초의 그곳, 시간을 넘어 스스로 그렇게 있는 것, 그렇게 있으면서 시간의 물결 속에 스스로 씻기어 빛나며 소멸하며 이어 다시 생성되는 아, 자연에서는 그냥 유일의 제 빛과 냄새뿐, 하늘 아래 저마다 한 점 작은 바닷돌 같은 억만 시간 속에 무수한 존재들의 유일함이여 빛나는 목숨이여

저녁때

청솔 연기 내리는
가을 저녁때
자주 댕기 쪽진 엄마
날 부르던 소리
이제도 어디선가
날 불러 세우는
그 보랏빛 소용돌이
멀리서 가까이서

청소

안방 윗방 건넌방
대청마루 툇마루
활활 털어 내고
누비 걸레질하고
대문 앞 골목길까지
수수비질 싸리비질
아침 청소 하고 나서
아침 글을 읽어야
글이 트인다고
떠오르는 햇살처럼
글 문 확 트이라고
목청 높여 책을 읽었지
사방 유리알처럼
말갛게 쓸고 닦고
마당에 물 뿌려서
더위도 티끌도 재우면
꽃나무도 서늘하고
저녁 청소 안 하고

밥상 받은 일 없었지
아이도 어른도
소제 안 하고는
밥 못 먹는 줄 알았지
학교서나 집에서나
소제가 큰일이었지
우리 어렸을 때는
얼음 우물물 퍼 올려
세수하고 머리 감고
총총 늘 깨어 있었지
앉음앉음 걸음걸이
말의 말씨 참따랗게
청소가 그 시작이었지

꽃보다 먼저
— 신입생에게

'세상의 모든 것 다 지나간다'
하지만 백 년 천 년
다시 천 년 지나도
지나가 버리지 않는 것
땅 위에 있으니

가만히 부르기만 해도
언제나 아프고 그리운
이름 하나씩
누구나 가지고 있으니

나 태어난 어머니 나라
자식 낳아 기르신 어머니 마음
아아 몽매를 벗어
눈 밝게 하는 모교들의
뜨겁고 질긴 모성母性이여

꽃보다 먼저

갓 스물 확 트인 푸른 목청이
사방 청청 울리는 양명한 언덕
꽃보다 풋풋한
새 물결 새 바람 새 하늘

흰 것은 희다
검은 것은 검다
첫눈 내리는 양심의 소리
제 빛깔로 생각하고 말하기

'세상의 모든 것 다 지나간다'
하지만 사람의 향기
말씀의 향기 백 년 천 년
아, 다시 천 년 뒤에도
처음과 같이
진정 높고 귀한 것은
바로 이런 것, 이로써
인류가 비로소 영광되니

먼 길 멀리
— 숙명인의 새 출발

봄이면 새 바람 불고
새싹 같은 새 사람들
누가 이리 보내셨을까

눈보라와 얼음 벌판
먼 길 멀리 달려서
왜 이곳에 왔는지

사람이 사람인 이유와
참과 거짓, 아름다움과 추함,
자연과 신神, 또 자유에 대하여
서로 묻고 답하자

공부도 어렵고
사람살이 모두 어렵다
매사 쉽게 가려
지름길 서두르지 말고

마음 깊은 데서 들려오는
낮고 분명한 음성
최고, 최후의 스승은
언제나 내 안에 있다

대학은
내가 나를 찾아가는 과정,
맑고 밝고 따스하게
먼 길 멀리
손잡고 가자

새 마음 새 뜻
— 신춘시

이랑이랑
끝없이 오고 계시는
물빛 영원
신비 한 자락

새 마음 새 뜻
새로운 시각으로 바라보면
천지만물 다 새롭고
인간만사 다 새롭고

지상의 나무들
눈 속에 마른 맨몸 다스려서
눈부신 초록 예비하는
신생의 시간

생명은 저마다
심연 깊이 키를 키우고
누구도 혼자가 아니면서

누구나 혼자씩이면서

어제는 가고
내일은 아직 당도하지 않았다
지금 여기
바로 이 순간

새 마음 새 뜻
새싹처럼
기쁘게 기쁘게

어느 크신 손이
— 숙대 국문과 창과 60주년에

어느 크신 손이
이리로 이끄시었나
꽃샘바람 민들레
봄마다 새로 피듯이
한평생 갓 스물 풋바람으로
새로 일어 달려왔으나
갈수록 아득하여라
시대의 급류 속에
어언 사람이 사라지고
마음들 각각 한 점 섬이 되고
모국어가 흔들리고
그러나 한국문학사는
아리랑과 흰 옷자락 펄럭이는
매화 향기 차고 푸른
반만년 조선 혼의 지도네

사람이 곧 글이네
삶이 문학이고 학문이었네

산야 가득한 들풀꽃
이름 없는 가객들 어디 계시나
대숲바람 서늘한
그 소나기 말씀들
지금은 다 어디 가셨나
저 먼 정신의 한 끝을
이으리라 진작 꿈꾸었으나
아아, 새삼 송구하여라

아둔한 자질로
분석하고 해석하고
수사와 논리를 익히기보다
어지러운 글발들 부끄러이 흩뿌리는
부끄러움을 무릅쓰기보다
먼저 사람이었어야 했다
내가 나였어야 했다
'온 놈이 온 말을 하여도'
여기서 우리는 이것을

그중 제일 근심해야 했다
생각이 더 높고
더 맑아져야 했었다

■ 작품해설

느리게 살기 또는 진정성의 시학

김 재 홍
(문학평론가 · 경희대 교수)

　성낙희 교수, 그는 일찍이 1970년대 『현대문학』으로 등단하여 시집 『향수』 『먼 길』 등을 펴낸 이 땅의 좋은 시인의 한 사람이다. 그러나 그는 오랫동안 대학에서 고전시가를 전공·연구하고 가르쳐 왔기에 시인으로서보다는 고전시학 교수로서 널리 알려져 있다. 성정 또한 고요한 기품을 지닌 분이기에 활동적이기보다 사색적이고 명상적이어서 시단에서도 폭넓게 교분을 쌓는 일에 적극 나서기를 즐겨하지 않았다. 그러기에 그는 부군인 국어학자 김상대 교수와 함께 구도적 삶에 이바지하기 위한 안내서로서 교양서 『논어의 혼』 1·2·3권을 공동 집필하는 등 동양 고전의 바다에서 삶의 교훈, 명상의 깊이를 이끌어 내면서 향기롭게 사는 길, 자유에의 길을 걸어가고자 성실하게 노력하고 있는 분이다. 실상 그의 화갑기념논문 「김시습 시의 도가적 특성—은둔시를 중심으로」(『한국문학과 사상』, 2005)는 그러한 시인의 삶과 학문의 자세를 단적으로 말해 주는 노작이 아닌가 한다.

이에 2011년 2월 정년을 맞이하여 시집 『먼 길』(1998) 이후 십여 년 만에 펴내는 제3시집 『숨 쉬는 집』의 세계를 간략하게 살펴보기로 한다.

1. 삶의 길, 은혜와 감사의 길

성낙희 시는 기본적으로 삶의 탐구 또는 가치 있는 삶의 길을 모색하고 지향해 나아가고 있다는 점에서 인생론의 성격을 지닌다.

> ① 가다 가다 문득
> 가던 길 멈춰 설 때가 있다
> 내 그리던 길 걸어
> 걸어 내 여기 왔는가
> 가지 말았어야 할 길
> 혹시 가지 않았던가
> 꼭 가야 할 길 잘 찾았는가
> 아아 얼마쯤일까
> 동으로인지 서로인지
> 내 아직 더 나아갈 길

남으로인지 북으로인지
　　안개 자욱 굽이 긴 길
　　그냥 그 길 따라서 가리
　　바람의 끝을 잡고서 가리
　　내 가고 싶은 길

　　　　　　　　　　　—「길 따라서」 전문

② 오늘을 주시다니
　　이룬 것 모두
　　계산으로는 턱도 없는 것
　　나누고 또 나누고
　　쪼개고 또 쪼개고
　　얼음 위를 걷듯
　　그렇게 걸어서 왔다
　　물고기 두 마리와
　　보리빵 다섯 개의 기적은
　　멀리 있지 않았다
　　남지도 모자라지도
　　평생을 아슬아슬
　　남의 문전門前에 구걸하지 않을
　　꼭 그만큼씩은 주셨으니
　　기적이요 은총이다
　　주신 것 모두 넘치고
　　주신 것 모두 감사코

　　　　　　　　　　　—「오늘」 전문

'삶이란 무엇인가? 어떻게 사는 것이 보람 있는 삶의 길이며, 가치 있게 사는 일인가?'하는 지속적인 탐구가 이번 새 시집의 테마이자 기본적인 내용에 해당하는 것으로 이해되기 때문이다.

시 ①에서 삶은 '길 가는 일'로서 표상된다. "내 그리던 길 걸어/ 걸어 내 여기 왔는가/ 가지 말았어야 할 길/ 혹시 가지 않았던가/ 꼭 가야 할 길 잘 찾았는가"라는 구절에서처럼 삶이란 길 가는 일로 표상된다. 길이란 무엇인가? 길이란 과거에서 출발하여 현재로 이어지며 다시 미래로 열려 가는 것 아니던가. 그러기에 길은 공간 표상이며 동시에 시간 표상성을 포괄하며, 이 점에서 인생행로로서의 상징성을 지닌다. 말하자면 길이란 과거, 현재, 미래의 동시 표상성을 지니며, 여기와 저기, 또 다른 곳으로 이동하는 공간이동의 상징성을 지니기에 그대로 사람이 살아가는 한 생애를 포괄할 수 있다는 뜻이다.

그러기에 "내 아직 더 나아갈 길/ 남으로인지 북으로인지/ 안개 자욱 굽이 긴 길/ 그냥 그 길 따라서 가리/ 바람의 끝을 잡고서 가리/ 내 가고 싶은 길"과 같이 자신의 자유의지로 걸어가는 삶을 소망하고 걸어가야겠다는 확신을 제기하고 있는 것이다.

따라서 시 ②에서 보듯이 삶이란 끝없이 '오늘'을 걸어가는 과정의 연속이며 그 확인 행위에 해당한다. 그런 만큼 그것은 끊임없이 "얼음 위를 걷듯/ 그렇게 걸어서 왔다" "남의 문전門前에 구걸하지 않을/ 꼭 그만큼씩은 주셨으니/ 기적이요 은총이다/ 주신 것 모두 넘치고/ 주신 것 모두 감사코"에서 보듯이 고달프고 힘들지만 동시에 은총의 길이고 감사의 길로 인식된다.

이처럼 성낙희 새 시집의 기저음은 삶의 의미 탐구와 가치 부여로서 인생론을 바탕으로 하여 전개되고 있음을 확인할 수 있다.

2. 밥과 집의 존재론

삶의 의미 탐구와 가치 정향성이 밑바탕을 이루고 있기에 성낙희의 시는 그 의미 내용으로서 사는 일, 즉 밥 먹는 일과 거주하는 일에 지속적인 관심을 표출한다. 즉 먹고사는 일로서의 삶, 그것이 인생이기에 '밥'과 '집'이 중요한 소재이고 제재이며 동시에 주제가 되는 것이다.

> 우리 몇 번이나 더
> 이렇게 밥상머리
> 둘러앉을 수 있을까
> 살아 있다는 것은
> 함께 밥을 먹을 수 있다는
> 아주 단순한 사실
> 얇아진 은수저 한 벌에
> 휘휘 바람만 고이는
> 그런 날이 문득 오곤 하더라
> 함께 밥을 먹는다는 것은

마음을 나눈다는 것
맵고 짜고 쓰고 달고 떫은
눈물의 맛을 맛보는 그 일

―「밥상 앞에서」 전문

  위의 인용시에서도 마찬가지다. 삶이란 밥 먹는 일이고 밥을 벌기 위한 노동의 과정이라고 요약해 볼 수 있다. 그만큼 정신과 육체의 근본 충력을 획득하는 일로서 밥 먹는 일과 밥을 벌기 위한 노력은 인생사의 알파이고 오메가에 해당하는 상징성을 지닌다. 그것은 생명 유지와 확산의 기본조건이자 운명의 형식에 해당한다는 뜻이다. "살아 있다는 것은/ 함께 밥을 먹을 수 있다는/ 아주 단순한 사실" "함께 밥을 먹는다는 것은/ 마음을 나눈다는 것/ 맵고 짜고 쓰고 달고 떫은/ 눈물의 맛을 맛보는 그 일"이란 구절에는 이러한 밥과 밥 먹는 일로서 생의 의미가 선명하게 제시돼 있는 것이다.

  그러기에 삶의 과정에서 밥은 노동을 의미하고 에너지이자 힘의 원동력으로서 상징성을 지닌다. 또한 그것은 희생이고 봉사이며 때론 고통이고 눈물이며 죽음을 표상하기도 한다. 밥은 그만큼 삶의 또 다른 이름이며, 그러기에 "맵고 짜고 쓰고 달고 떫은/ 눈물의 맛을 맛보는 그 일"에 해당한다. 사람의 한평생은 모든 생명들이 그러하듯이 '밥'을 따라 이동한다. 밥을 벌기 위한 노력이 바로 직장을 얻는 일이고 온갖 어려움을 참고 이겨 가는 일이기에 밥은 바로 삶의 또 다른 명칭이 될 수 있다는 뜻이다.

이 점에서 밥은 존재의 주거로서 '집'과 연결된다. 밥을 먹을 수 있는 공간, 가족들과 함께 밥 먹는 공간으로서 집은 밥의 또 다른 환유에 해당한다. 밥이 생명을 유지하는 에너지원이지만 집은 그 생명이 편안히 밥 먹고 잠자며 휴식하면서 생활 에너지를 획득하는 또 다른 바탕 공간으로서 실질적인 의미를 지니기 때문이다.

> 집이 숨을 쉰다
> 볕바른 바람 벌
> 울도 담도 없이
> 창이란 창엔
> 대형 풍경화
> 철 따라 바뀌 걸리고
> 햇빛 쏟아지는 소리
> 나뭇잎 몸 부비는 소리
> 새들 우짖는 소리
> 낙숫물 소리
> 이 시린 지하수
> 모가지까지
> 차오르는 소리
> 집이 숨을 쉰다
> 내가 숨을 쉰다
>
> ―「숨 쉬는 집」 전문

"집이 숨을 쉰다/ 내가 숨을 쉰다"라는 이 시의 핵심 구절은 바로 이러한 생명 공간이자 생활의 터전으로서 '집'의 의

미와 중요성을 극명하게 제시한 것이 된다. 그만큼 4계절의 순환을 더불어 감지하고 체현하면서 온갖 생명 감각을 일깨우고 생명 에너지를 충전할 수 있는 필수 공간으로서 '집'에 대한 당위적인 인식이 제시돼 있다는 점에서 이 시의 중요성이 드러난다.

3. '거울'과 자아성찰의 시학

성낙희 시가 지닌 중요한 장점은 그의 시가 끊임없이 자신의 삶에 대한 자기반성, 즉 자아성찰의 진지한 모습을 보여준다는 점이다.

> 이 풍진 세상
> 아침저녁으로
> 화장을 지우고 분 바르고
> 잠시 몸을 돌려
> 술술 흘러내리는
> 회갈색 뒷머리 비춰 보는
> 작은 손거울
> 거울은 늘 보얗다
> 후후 입김 올려
> 닦아 내도 잠시 그때뿐
> 항상 자우룩하니
> 꼭 내 마음 같다
> 내 마음 내가 비춰 보는

내 마음속 거울
닦을 수나 있는 것인가

—「거울」전문

  거울은 자신의 모습을 비춰 보는 생활용구로서 일상생활, 특히 인간적인 삶의 과정에서 유사 이래 중요한 필수품들 중 하나로서 의미를 지닌다. 그런가 하면 거울은 고대로부터 자신의 내면을 비춰 보는 자아성찰의 도구, 자기반성의 매체로서 상징성을 지니기도 하였으며, 근대시에서는 자의식을 비춰 보고 내면의식을 드러내는 의식의 거울로서 중요한 상징성을 지니기도 한다.

  실상 지난날 선사들의 많은 선시禪詩에서 '거울 닦기'는 정신 수양 또는 선禪의 대유물로서 상징성을 지녀 온 것이 사실이다. 조선 숙종조 원감선사의 "이슬 맺혀 꽃잎마다 눈물이요/ 바람은 불어서 대숲을 흔드누나/ 푸른 버들 날리는 풀밭언덕/ 진종일 혼자 앉아 거울 닦는 저 늙은이"라는 선시가 한 예가 된다. 여기에서 거울은 대자연의 모습을 비춰 보는 도구이지만 동시에 자신의 마음을 비춰 보는 자아관조의 상징이기도 하다. '풀밭언덕에 홀로 앉아 거울 닦는 일'이란 바로 마음의 먼지와 때를 씻어 내는 일이며 동시에 청허淸虛로서 온갖 탐진치 삼독과 삼착(애착·집착·원착怨着) 등 부질없는 마음들을 모두 내려놓고 비워 내는 일에 해당한다. 바로 이러한 마음 가라앉히기 또는 마음 비워 내기의 시정신이 성시인의 시를 그대로 관류하고 있는 모습인 것이다.

인용시에서 그렇지 아니한가? 거울은 "이 풍진 세상/ 아침 저녁으로/ 화장을 지우고 분 바르고/ 잠시 몸을 돌려/ 술술 흘러내리는/ 회갈색 뒷머리 비춰 보는/ 작은 손거울"이지만 동시에 "내 마음 내가 비춰 보는/ 내 마음속 거울/ 닦을 수나 있는 것인가"처럼 끊임없이 자기의 내면을 들여다보고 부단한 자기반성과 자아성찰을 통해서 시인은 비로소 '참나'를 깨치고 진정한 자아, 참된 자기 앞의 생을 향해 나아가게 되는 것이다. 그러기에 "나무는 나무대로/ 꽃은 꽃대로// 강물은 강물대로/ 바람은 바람대로// 개구리는 개구리대로/ 메뚜기는 메뚜기대로// 지상의 모든 것/ 저마다 저답게// 저마다 저답게/ 제 길 가느니// 아무도/ 대신 살아 줄 수 없다// 선혈 푸른 제 안에서/ 해답을 찾을 수 있다"(「저마다 저답게」전문)라는 한 시에서 볼 수 있듯이 자기 확인과 존재 증명, 그리고 자아실현의 길로 나아갈 수 있게 됨은 물론이다.

부단한 자기반성과 자아성찰, 그리고 자기 확인과 자아실현의 길을 통해서 시인은 마침내 시를 통한 자기 고양과 구원의 길로 나아가게 되는 것이다.

4. 초록의 시학 또는 평등의 세계관

이 시집에는 이른바 식물적 상상력의 반영으로서 초록의 시학이 전개되고 있어 관심을 환기한다. 시집에는 도처에 '소나무/해바라기/꽃/꽃잎/꽃숭어리/나무/풀/잡초/잔디/꽃자리/꽃그늘' 등 식물 이미저리들과 함께 땅과 흙, 태양과 공기, 바람, 물, 불 등 대지적 상관물들이 지속적으로 등장하여 시인의 상상력이 '초록의 시학'으로서 상징체계를 이루고 있음을 보여 준다.

> ① 잡초도 풀인데
> 풀밭에 나앉아
> 잡초를 뽑는다
> 잔디보다 한결
> 싱싱하고 푸른 초록
> 나요, 나요
> 사방에서 손을 흔든다
> 잡초라 하면 잡초고
> 잔디라 하면 잔디고
> 모두 풀인 이것들
> 지상의 꽃인 것들
> 잡초 아닌 사람 있나
> 황막한 잡초 밭 세상
>
> ―「잡초」 전문

> ② 빈들에 차오르는 무명 초록
> 이것은 이름 없는 잡초가 아니다
> 폐활량 가득 불어 삽시에 번지는
> 푸른 불이다 희망이다 사랑이다
> 목숨 가운데 불이 아닌 것 없다
> 아무것도 아닌 것으로 돌아가는
> 자, 세상에 아무도 없다 저마다

제 빛깔의 꽃이었다가 향기였다가
한 점 무구한 불의 불씨들 된다

―「부활」 전문

이 두 편의 시는 시인의 세계 인식의 태도를 선명히 보여준다. 그 하나는 '초록'이 상징하는 생명사상이고 다른 하나는 모든 동식물들이 생명 앞에서 서로 대등하고 평등하다고 하는 평등의 세계관이라 할 수 있다.

세상의 생명은 크게 보아 동물과 식물로 대별할 수 있다. 말 그대로 동물은 육신을 지니기에 살아서 움직이는 생명존재를 말하며, 식물은 한 자리에 태어나 스스로 주어진 환경에 적응하며 한 생애를 살아가는 운명 존재를 의미한다. 이 두 가지는 지상의 모든 삶을 구성하는 요소이면서 천지만물을 운행하는 기본 동력이 된다.

그런데 왜 유독 식물 상상력인가? 그것은 모든 동물적 삶의 기본이면서 뿌리에 해당하기 때문이다. 서로 상생하는 존재들이면서 먹고 먹힘으로써 자연과 우주를 운행하는 기본원리이자 법칙이 되는 것이다. 그럼에도 말도 못하고 재빨리 움직이지도 못하기에 동물처럼 먹이를 둘러싸고 쟁투를 벌이거나 죽고 죽이는 참극을 벌이지도 않는다. 순천명順天命으로서 스스로의 운명을 긍정하고 사랑하면서 자신의 생에 최선을 다할 뿐이다. 따라서 세상에 하나뿐인 스스로의 생명을 긍정하고 사랑하며 기루고, 모시고, 섬기는 것으로서 생명사상의 원초적 표상으로 존재한다.

그런데 여기에서 더 나아가 시인은 '초록'에서 생명사상을 드러내는 것과 함께 평등의 세계 인식을 강조하고 있어 주목을 환기한다. 잡초와 잔디의 대비를 통해서 만물을 바라보는 관점과 세계관은 달라질 수 있으며, 그런 연유로 평등의 세계 인식을 강조하게 되는 것이다. "잡초라 하면 잡초고/ 잔디라 하면 잔디고/ 모두 풀인 이것들/ 지상의 꽃인 것들"이라는 구절에는 목숨 앞에서 모든 생명은 평등하며 평등해야만 한다는 평등의 세계 인식이 제시돼 있다는 뜻이다. 그런데도 사람들은 남녀노소를 구분하며 빈부귀천을 차별하며 살아간다. 또 그렇게 잔디와 잡초를 따져 잔디를 귀하다 여기고 잡초를 천히 여겨 뽑아 버리는 것 아닌가?

바로 여기에서 "잡초 아닌 사람 있나/ 황막한 잡초 밭 세상"과 같이 평등의 세계관이 제시되고 있는 것이다. 세상의 동식물, 모든 생명들은 모두 다 유일본이고 일회적인 것이기에 마땅히 존중되고 기려져야만 한다는 사상인 것이다. 따라서 "빈 들에 차오르는 무명 초록/ 이것은 이름 없는 잡초가 아니다" "푸른 불이다 희망이다 사랑이다/ 목숨 가운데 불이 아닌 것 없다"와 같이 생명 그것이야말로 세상에서 가장 소중한 것으로서 인식되고 찬양되는 구절에서 우리는 시인의 생명사상과 평등의 세계관을 읽어 낼 수 있다.

5. 느리게 살기 또는 진정성의 시학

성낙희 시집에서 중요한 특징의 또 한 가지는 삶의 자세가 여유 있게 살기로서 느림의 시학을 추구하고 있는 점이다. 오늘날 현대의 삶이 모두가 '빨리빨리' '더 빠르게'를 외치고 달려가는 추세에 비추어 천천히 가기 또는 느리게 살기를 생각하며 여유롭게 살아가는 모습은 바로 인간답게 살려는 노력의 반영이 아닌가 한다.

> 오늘은 눈을 감고도 외우는 서늘한 시 윤동주의 서시序詩 한 구절 '그리고 나한테 주어진 길을 걸어가야겠다'를 '―천천히 걸어가야겠다'고 읽고 말았다 무례하지고 그 소슬한 시구詩句를 이리 무심히 고쳐 읽다니 그냥 '걸어가야겠다'와 '천천히 걸어가야겠다'의 의미에 대하여 부사어 '천천히'의 말맛에 대하여 시와 수사 시와 삶 시와 사람에 대하여 새삼 거듭 생각하느니 우주로 통하는 예감豫感에 대하여 무의식에 대하여 윤동주는 빛보다 빨리 달려간 빛의 생애요 나는 여전히 천천히 오고 있으니 내 '―천천히 걸어가야겠다'고 한 것은 자연스럽다 윤동주도 나도 둘다 진실하다
> ―「여전히 천천히」 전문

오늘날 현대를 흔히 3S의 시대, 즉 속도speed와 스포츠sports, 영상screen 또는 섹스sex의 시대라고 일컫지 않던가. 그만큼 오늘의 물질문명 시대, 자본주의 사회에서 살아남고 이겨 내기 위해서는 모든 것을 속도감 있게 진행하지 않으면 뒤처진

다는 뜻이 되겠다. 그래서 프랑스 비평가 피에르 상소는 『느리게 산다는 것의 의미』에서 한가로이 거닐기, 조용히 듣고 있기, 고급스러운 권태, 마음껏 꿈꾸기, 고요히 기다리기, 마음의 시골길 찾아 걷기, 좋은 글쓰기, 포도주 한잔 마시며 명상하기 등을 권유하기도 했지 않은가.

인용시는 이러한 느리게 산다는 것의 의미로서 느림의 철학을 강조하고 있는 게 아닌가 한다. 오늘날은 특히 정보화 사회, 무한경쟁 시대이기에 대부분의 사람들이 욕망에 갇히고 속도에 치여서 '참나' '참 인간성'을 놓치고 살아가는 경우가 많다. 그러기에 인간 상실의 시대, 인간성 위기의 시대라고 일컫기도 하는 것이다.

이에 비추어 시인이 '여전히 천천히'로서 느리게 가기, 천천히 여유 있게 살기를 강조하는 것은 바로 인간성을 회복하고 '참나'를 살고자 하는 안간힘이자 몸부림이 아닐 수 없다. 실상 시라고 하는 것이 무엇이던가? '참나'를 찾고 인간다운, 너무나 인간다운 삶을 지향하고 실현하고자 하는 이상의 표현이 아니던가. 이점에 비추어 볼 때 시인이 윤동주의 「서시」를 인유해서 느림의 철학을 강조하는 것은 시인 자신이 '참나' '참삶'을 살고자 하는 갈망과 의지를 표현한 것으로 이해된다.

이 점에서 다음 시도 유의할 만하다.

    휘파람 불며
    논길 밭길 깨끗한 신작로

바람처럼 휘휘
꽃도 나무도 집도
오래 머무르지 않고
그냥 스쳐
지나가 보기만 해 보고 싶어서
사랑도 돈도 이름도
그냥 그렇게
한줄기 증류수인 것을
그 맹물 같은 맛을
어렴풋 알 수 있을까 싶어서
자전거를 타고
바퀴를 저어 앞으로
나가지 않으면 쓰러지기는
사람이나 매한가지여서
아아 우리 가는 길
멈추어 서지 마라
오래 머무르지 마라
두 발로 바퀴를 저어
바람 속에 휘휘
휘파람 불면서 가라
바퀴 저어 나아가라

—「자전거를 타고」전문

  속도의 시대, 질주의 시대에 자전거를 타고 간다는 것은 무엇인가? 그야말로 자전거를 타고 온갖 물량 과잉의 시대, 욕망과 속도의 시대를 거슬러 오르려는 까닭은 또 무엇이겠는가?
  한마디로 그것은 느리게 천천히 나아감으로써 기계문명과

자본만능의 시대 풍조 속에서 인간성을 회복하고 본래의 나, 참나를 성찰하며 살고자 하는 '느림의 철학'을 반영한 것이 아닐 수 없다.

그렇다면 그렇게 느리게 살고자 하는 까닭은 또 무슨 함의를 지니는가? 한마디로 그것은 진정성을 지니며 살고 싶다는, 살아가겠다는 의지와 생활철학을 강조한 것으로 이해된다. 무한 속도와 무한 경쟁시대에 오히려 천천히 가기, 느리게 살기를 통해 인간답게 살기를 꿈꾸면서 진실성과 성실성 그리고 일관성으로서 진정성을 간직하며 살아가고자 하는 꿈과 소망을 반영한 것이라는 뜻이다. 실제로 시인이 만원 도시를 벗어나 전원에서 이러한 느림의 철학을 실현하며 천천히, 고요하게 살아가고 있는 것도 이러한 뜻의 반영이 아니겠는가.

6. 맺음말, 여백과 고요의 시학을 향하여

이러한 천천히 가기로서 느림의 철학을 생각하고 실천하며 살고자 노력하기에 시인의 삶은 언제나 여백으로서 여유의 삶, 고요로서 명상의 삶을 꿈꾸기 마련이다.

> 아이들 먼 나라 학해學海로
> 군문軍門으로 가례嘉禮로
> 때 맞춰 제 갈 길 가고
> 망구순望九旬 시어머님

중추 달빛에 긴 잠드시고
한꺼번에 쏟아지는 여백
여백의 무게
아아 모든 것
원형으로 돌아간다
하나에서 둘이 되고
셋 넷이 되고
도로 둘이다가 혼자이다가
마침내 꽃잎 같은
훨훨 영혼의 흰 나비나 되겠지
오늘은 수리산 첩첩 깊은 적설積雪
봄은 이미
그 한가운데 다시 와 있다

―「여백의 무게」 전문

 이 인용시에는 이러한 여백과 고요의 시학이 투영돼 있는 것으로 보인다. 근대적 삶의 쟁투와 경쟁 속에서 아귀다툼하며 살아가는 게 아니라 여백과 고요 속에서 명상하고 사색하며 사는 데서 참삶의 의미가 놓이고 실현된다는 깨달음을 담고 있는 것으로 이해되기 때문이다.

 삶이란 무엇이던가? 부단히 밀려오는 운명의 무게, 인간의 조건들에 짓눌리고 휘둘리며 살아가는 과정이 아니던가? 그러기에 진정한 삶이란 그러한 온갖 운명의 질곡, 삶의 감옥에서 벗어나 정신의 자유와 영혼의 편안함을 갈망하고 실현해 나아가는 데에서 찾을 수밖에 없는 것이다. "여백의 무게/ 아아 모든 것/ 원형으로 돌아간다/ 하나에서 둘이 되고/ 셋 넷이 되고/ 도로 둘이다가 혼자이다가/ 마침내 꽃잎 같은/ 훨훨 영혼의 흰 나비나 되겠지"라는 핵심 구절에는 이러한 가벼운 영혼에의 길, 자유에의 갈망이 표출돼 있는 것으로 해석되기 때문이다.

그러기에 이러한 여백의 명상과 사색을 통해 마침내 시인은 생성과 소멸, 소멸과 생성의 순환 속에 우주만물, 생명의 원리가 놓인다는 깨달음을 얻게 되고 다시 고요의 시학으로 시를 마무리하게 된다.

> 생명 있는 것
> 그냥 스러지는 건 아무것도 없다
> 끝이란 마지막이란 없다
> 끝은 바로 시작
> 보아라, 여기 우리
> 항용 당도한 그 자리에서
> 꼭 다시 출발하지 않나
> 목숨들 매 순간 죽고
> 매 순간 새로 태어나는구나
> 하얗게 침묵하는 폭설 향기 깊은
> 결빙結氷 속을 달려오는 바람 따라
> 물 밀리는 연초록 천지
> 이 빛나는 고요 속에
> 사람은 어찌 이리 어두운가
> 인간사 어찌 어리 소란한가
> ―「이 고요 속에」 전문

어찌 이 우주의 생명 있는 것들 가운데 그냥 그렇게 스러져 버리고 마는 게 있겠는가. 현상적인 면에서 모든 존재자들은 생성과 소멸, 소멸과 생성을 되풀이하지만 영원의 관점에서 보면 그 본질은 크게 변함이 없다. "끝이란 마지막이란 없다/ 끝은 바로 시작"이라는 구절에는 바로 이러한 소멸과 생성의 변증법으로서 생명의 이치, 우주만물의 원리가 담겨 있는 것으로 이해된다. 그러기에 "목숨들 매 순간 죽고/ 매 순간 새로 태어나는구나"라는 만상의 생명원리, 우주의 존재원리가 제시되는 것이다. 말하자면 "하얗게 침묵하는 폭설 향기 깊은/ 결빙結氷 속을 달려오는 바람 따라/ 물 밀리는 연초록 천지/ 이 빛나는 고요"를 꿈꾸는 고요의 시학을 형성하게 된다는 뜻이다.

그렇다! 성낙희의 시는 이제 여백의 무게, 고요의 시학에서 다시 출발을 꿈꾸고 있다. "끝은 바로 시작/ 보아라, 여기 우리/ 항용 당도한 그 자리에서/ 꼭 다시 출발하지 않나"라는 구절에는 이러한 새 출발의 의지가 꿈틀거리고 있는 것이다. 참으로 오랜 침묵과 여백 끝에 펴내는 이 새 시집이 바로 이러한 고요의 시학으로서 새 출발의 신호탄이 될 것이 분명하다.

시인의 정진을 희망하며, 아름다운 결실을 향한 새 출발에 축하와 격려의 박수를 보낸다.